美国小学主流科学教材

【美】杰伊·哈克特 等 著
张 俊 邓小耶 等 译
郝京华 审定

物质 2

Matter

浙江教育出版社·杭州

本版特色

- 兼顾授受式学习内容和探究式调查活动。
- 采用5E（Engage参与，Explore探究，Explain解释，Extend/Elaborate拓展，Evaluate评估）研究型教学模式。
- 增加工程和设计版块。
- 培养21世纪技能，如创新创造能力、协作能力、沟通能力、批判性思维与解决问题的能力等。
- 用个性化的生动图像激发学生的学习兴趣。
- 根据知识深度等级体系（Depth of Knowledge，简称DOK）设计评价和测试。

注：原版书中，A单元、B单元表示该内容属于生命科学领域，C单元、D单元表示该内容属于地球与空间科学领域，E单元、F单元表示该内容属于物质科学领域。中文版对此予以保留。

Program Authors

Dr. Jay K. Hackett
Professor Emeritus of Earth Sciences
University of Northern Colorado
Greeley, CO

Dr. Richard H. Moyer
Professor of Science Education and Natural Sciences
University of Michigan-Dearborn
Dearborn, MI

Dr. JoAnne Vasquez
Elementary Science Education Consultant
NSTA Past President
Member, National Science Board and NASA Education Board

Mulugheta Teferi, M.A.
Principal, Gateway Middle School
Center of Math, Science, and Technology
St. Louis Public Schools
St. Louis, MO

Dinah Zike, M.Ed.
Dinah Might Adventures LP
San Antonio, TX

Kathryn LeRoy, M.S.
Chief Officer
Curriculum Services
Duval County Schools, FL

Dr. Dorothy J. T. Terman
Science Curriculum Development Consultant
Former K-12 Science and Mathematics Coordinator
Irvine Unified School District, CA
Irvine, CA

Dr. Gerald F. Wheeler
Executive Director
National Science Teachers Association

Bank Street College of Education
New York, NY

Contributing Authors

Dr. Sally Ride
Sally Ride Science
San Diego, CA

Lucille Villegas Barrera, M.Ed.
Elementary Science Supervisor
Houston Independent School District
Houston, TX

American Museum of Natural History
New York, NY

Contributing Writer

Ellen C. Grace, M.S.
Consultant
Albuquerque, NM

RFB&D learning through listening **Students with print disabilities may be eligible to obtain an accessible, audio version of the pupil edition of this textbook.**
Please call Recording for the Blind & Dyslexic at 1-800-221-4792 for complete information.

connectED.mcgraw-hill.com

STEM McGraw-Hill is committed to providing instructional materials in Science, Technology, Engineering, and Mathematics (STEM) that give all students a solid foundation, one that prepares them for college and careers in the 21st century.

Send all inquiries to:
McGraw-Hill Education
8787 Orion Place
Columbus, OH 43240

ISBN: 978-0-02-136117-5
MHID: 0-02-136117-7

Printed in the United States of America.

5 6 7 8 9 10 11 QVS 23 22 21 20 19 18 17

Content Consultants

Paul R. Haberstroh, Ph.D.
Mohave Community College
Lake Havasu City, AZ

Timothy Long
School of Earth and Atmospheric Sciences
Georgia Institute of Technology
Atlanta, GA

Rick MacPherson, Ph.D.
Program Director
The Coral Reef Alliance
San Francisco, CA

Hector Córdova Mireles, Ph.D.
Physics Department
California State Polytechnic University
Pomona, CA

Charlotte A. Otto, Ph.D.
Department of Natural Sciences
University of Michigan-Dearborn
Dearborn, MI

Paul Zitzewitz, Ph.D.
Department of Natural Sciences
University of Michigan-Dearborn
Dearborn, MI

Editorial Advisory

Deborah T. Boros, M.A.
President, Society of Elementary Presidential Awardees
Second-Grade Teacher
Mississippi Elementary
Coon Rapids, MN

Lorraine Conrad
K-12 Coordinator of Science
Richland County School District #2
Columbia, SC

Kitty Farnell
Science/Health/PE Coordinator
School District 5 of Lexington and Richland Counties
Ballentine, SC

Kathy Grimes, Ph.D.
Science Specialist
Las Vegas, NV

Richard Hogen
Fourth-Grade Teacher
Rudy Bologna Elementary School
Chandler, AZ

Kathy Horstmeyer
Educational Consultant
Past President, Society of Presidential Awardees
Past Preschool/Elementary NSTA Director
Carefree, AZ and Chester, CT

Jean Kugler
Gaywood Elementary School
Prince Georges County Public Schools
Lanham, MD

Bill Metz, Ph.D.
Science Education Consultant
Fort Washington, PA

Karen Stratton
Science Coordinator K-12
Lexington District One
Lexington, SC

Emma Walton, Ph.D.
Science Education Consultant
NSTA Past President
Anchorage, AK

Debbie Wickerham
Teacher
Findlay City Schools
Findlay, OH

The American Museum of Natural History in New York City is one of the world's preeminent scientific, educational, and cultural institutions, with a global mission to explore and interpret human cultures and the natural world through scientific research, education, and exhibitions. Each year the Museum welcomes around 4 million visitors, including 500,000 schoolchildren in organized field trips. It provides professional development activities for thousands of teachers; hundreds of public programs that serve audiences ranging from preschoolers to seniors; and an array of learning and teaching resources for use in homes, schools, and community-based settings. Visit www.amnh.org for online resources.

译 序

一部好教材欲保持其生命力的重要举措就是要不断地与时俱进，要随着社会的变迁、学术的进步不断地吐故纳新。浙江教育出版社引进出版的《科学启蒙(第二版)》就是这样的一部好教材。

比较这套教材的两个版本，不难发现，第一版显然依据的是1996年美国颁布的科学教育标准。1996年的科学教育标准有三个重要特点：(1)明确科学教育的目标是培养所有学生的科学素养（美国曾经有过把培养科学家作为科学教育培养目标的历史）；(2)强调要把科学本身的实际做法，即科学探究也作为科学教育的内容；(3)将科学课程的内容按“生命科学、物质科学、地球与空间科学”三个领域加以划分。第一版的《科学启蒙》较好地落实了课程标准的这些理念。

第二版依据的是美国2013年颁布的《新一代科学教育标准（NGSS）》。和1996年课程标准相比，2013年的标准有三个显著变化。(1)将科学探究扩充为“科学与工程实践”，明显强化了运用科学概念解决实际问题能力的培养。(2)强调科学大概念。标准提出了判断大概念的4个原则：①具有学科的意义，具有跨越多个学科领域的广泛的重要性，或者是本学科中组织相关知识的关键概念；②具有解释力，能解释许多现象；③具有生成性，能为理解和探究更多的概念和解决问题提供关键的工具，与社会、家庭相关；④能从幼儿园到高中螺旋上升。(3)强调了学科间的融合，不仅是科学、技术、工程、数学的融合，还有科学、语文、数学的融合。

第二版的《科学启蒙》教材真的是在与时俱进。首先，它在继续强调科学探究的同时，大大强化了工程设计部分，不仅在各领域各章节中增加了运用相关知识解决实际问题的机会，还在“做一名科学家”版块增添了有关工程设计的“聚焦技能”。第二，在强调科学大概念方面，教材不仅在各章节都有科学大概念的明确标示，还在各章结尾之处增加了科学概念和技能的测评。第三，在学科融合方面，教材不仅强化了科学阅读（包括文和图）和科学写作的指导，还强化了数学意识和能力的培养。

《科学启蒙》这套教材还有一个突出的亮点就是它精彩的图片。大量有视觉冲击力的照片和灵动的排版为教材增色不少，让人爱不释手。

它山之石，可以攻玉。中国正在进行着课程改革，也正在努力地缩短与发达国家在教育上的差距，引进国外好的教材不失为一种有效的捷径。不同的群体都可以从《科学启蒙》这套教材中获益。它为教材编写者提供了一个如何将内容与活动结合的范例，它给予科学教师教学活动设计的启迪，它为语文老师提供了如何指导学生科学阅读和科学写作的策略，就连出版社也可以从中获得科学教材排版方面的启示。除此，作为一套学生的科学阅读的材料，它也是一个不错的选择。

只有站在巨人的肩膀上我们才可以实现弯道超车，才可以追赶上发达国家，才可以实现伟大的中国梦！国家如此，科学教育亦然，让我们共同努力！

小学科学课程标准研制组组长、修订组副组长 郝京华
南京师范大学教科院教授

目 录

Contents

做一名科学家

E单元　物质

第2章
物质的变化

探究活动

做一名科学家

第1章 物质

第2章 物质的变化

扫一扫，码上获取
更 多 学 习 资 源

做一名科学家

树蛙会把卵产在树叶上。

AMERICAN MUSEUM OF NATURAL HISTORY

科学技能

看一看，想一想

看到图中这只小青蛙了吗？你认为它是怎样趴在莲叶上的呢？

探究活动

怎样才能让一只青蛙趴在莲叶上？

活动步骤

1. **预测** 你觉得把青蛙放在莲叶的哪个位置，它才不会掉进水里？
2. **建立模型** 用蜡笔把纸盘涂成绿色，当作莲叶。
3. △**小心！** 在纸盘的中心戳一个小洞，用15厘米长的细绳穿过洞口，顶端打个结，下方拉紧。
4. 将系着细绳的纸盘放在装好水的水盆中，纸盘上面放一只玩具青蛙。
5. **记录数据** 将你放置玩具青蛙的各个位置画出来。

步骤 4

材 料

纸盘

绿色的蜡笔

剪刀

细绳

水盆和水

玩具青蛙

科学家做什么？

科学家在做研究工作时，要使用许多技能。在上页的探究活动中，你想知道青蛙能趴在莲叶上的原因，于是做了上述探究。同样，科学家探究问题时也会建立模型（make a model）。模型是对生活中真实事物的一种模拟。

科学家还会使用其他技能，这些技能你也可以学习使用。比如，科学家会观察（observe）事物。通过观察一个池塘，他们可以发现许多奇妙的事物。

科学家会观察池塘附近植物的高度、颜色和形状。

科学家通过比较（compare）来辨别两个事物的相似点或不同点。观察本页中这两种生活在池塘边的动物，科学家是怎样比较它们的呢？

仔细观察这两种动物你会发现，它们都有翅膀，都生活在池塘附近。当然，它们也有很多不同的地方。科学家会根据事物的属性对事物进行分类（classify），将它们归为不同的群体。昆虫和鸟类就是不同的动物群体。

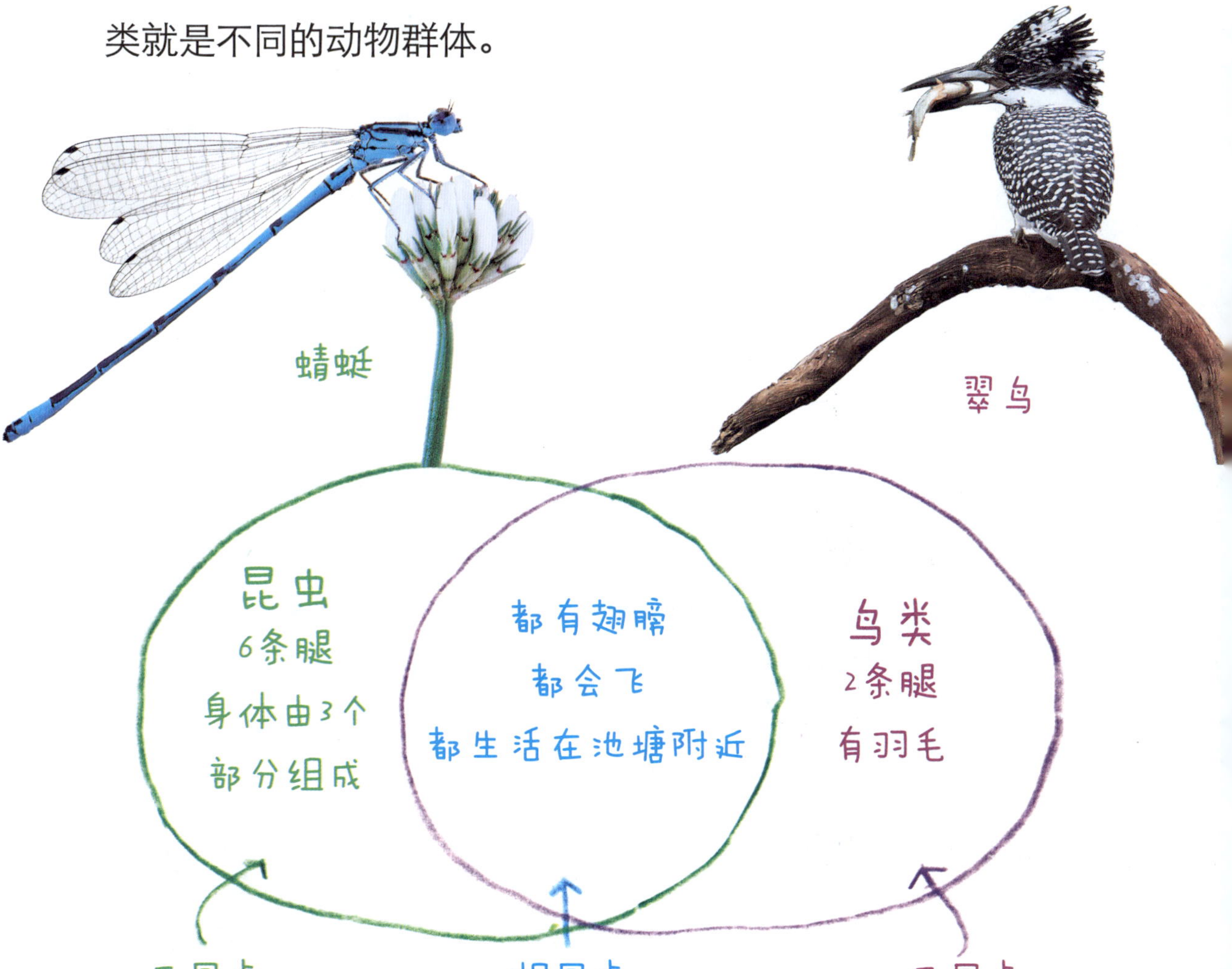

科学家会怎么做?

一起来看一看科学家在池塘附近发现的这些蛋吧！科学家会测量（measure）这些蛋的大小或质量。通过测量，他们就能了解物体的长度、质量和温度。

科学家通过测量获得的这些事实称为数据。科学家还要将他们观察到的事实记录下来，这叫作记录数据（record data）。

有多长	
海龟的蛋	3厘米
青蛙的卵	3毫米
鸭子的蛋	5厘米
知更鸟的蛋	2厘米

科学家在收集完数据之后，还会对这些数据进行排序。排序（put things in order）就是用某种标准将数据进行整理。例如，你可以按照大小将蛋进行排序。哪个蛋是最小的？哪个蛋又是最大的？

科学家使用的另一项技能是推理。推理（infer），就是运用一些已掌握的知识或线索，按照合理的逻辑来解释或判断问题，并得出推论。你能推断出上页的蛋分别属于本页的哪种动物吗？

青蛙

海龟

鸭子

知更鸟

科学家如何研究新事物?

科学家通过调查来研究新事物。开展调查（investigate）前，需要制订一个计划，然后进行试验。

科学家的工作通常从提出问题开始，然后他们会预测这个问题可能会有哪些答案。预测（predict）就是根据已知的知识或信息，猜测接下来会发生什么，具有较大的不确定性。

观察本页蝌蚪和幼蛙的图片，请你预测一下，幼蛙接下来会变成什么样子?

蝌蚪

幼蛙

?

得出结论（draw conclusions）就是根据你所观察到的现象来解释发生了什么情况。科学家根据上述探究，得出这样的结论：蝌蚪一开始生活在水中，长出四条腿后可以爬上陆地生活。

科学家还会与其他人交流他们的想法。交流（communicate）就是将你的想法写下来、画出来或者说出来，并与他人分享。

想一想，说一说，写一写

1. 科学家可以利用哪些技能来进行分类？
2. 如果你是一位科学家，你想要学些什么样的新技能？

科学方法

看一看，想一想

看到这只青蛙会游泳，你可能会想，它还会做哪些运动呢？科学家也会提出类似的问题。然后，他们再按照一定的步骤来找出问题的答案。

探究活动

青蛙是怎样运动的?

活动步骤

1. **观察** 仔细观察本页中的图片，思考一下青蛙是怎样运动的。
2. **记录数据** 在表格中列出你观察到的青蛙的不同运动方式。
3. **得出结论** 青蛙在做各种运动时，用到了身体的哪些部位？记录在你的表格中。
4. **交流** 青蛙是怎样运动的？

青蛙能跳多远？

科学家按照一定的步骤来进行调查，这些步骤叫作科学方法（scientific method）。下面是一名同学根据科学家使用的科学方法所做的探究活动。

观察

罗拉运用她所学的科学技能来观察教室里的青蛙。

提出问题

罗拉提出了一个问题。

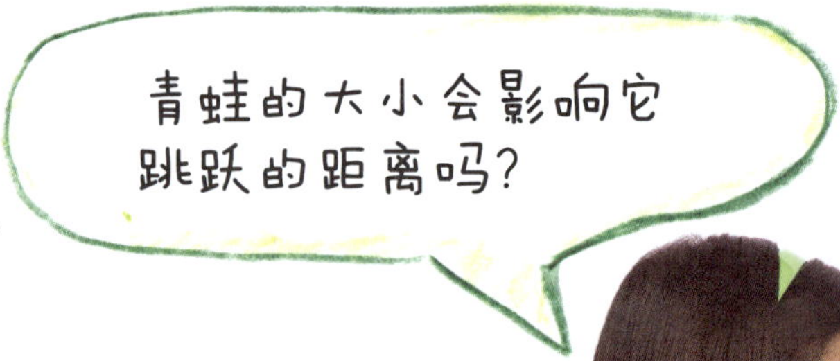

做出预测

罗拉预测的答案是“会”。她认为安迪会跳得更远，因为它的腿更长。

安迪

莫莉

制订计划

罗拉制订了一个计划来验证她的想法。她将计划写了下来，这样，其他人也可以按照她的计划来做实验。

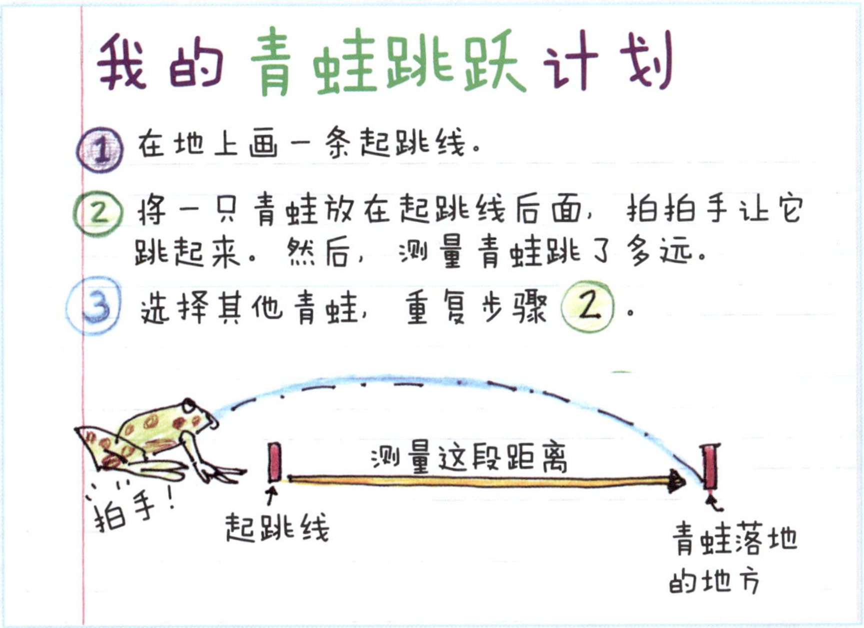

执行计划

罗拉按照她的计划完成了实验。如果这个计划行不通，那么她还需要修改计划。

你发现了什么？

记录结果

罗拉制作了一张图表，这张图表可以用来记录每只青蛙跳跃的距离。

每只青蛙可以跳多远

青蛙	第一跳	第二跳	第三跳
安迪	20厘米		
莫莉	25厘米		

重复实验

罗拉让每只青蛙都跳了三次，这样她可以确保实验测试的结果会更准确。

得出结论

罗拉对实验结果进行解释。

罗拉向同学们解释她的实验结果。这又带来了新的问题和进一步的研究。

你在探究的时候，可以遵循一定的科学方法。

科学方法

观察

↓

提出问题

↓

做出预测

↓

制订计划

↓

执行计划

↓

记录结果

↓

重复实验

↓

得出结论

想一想，说一说，写一写

1. 为什么对科学家来说，制订计划很重要？
2. 为什么科学家要将他们的计划写下来？

科学和技术：设计过程

你曾提出过问题吗？如果有，你是怎么解决的？科学家利用设计过程（design process）来解决问题。

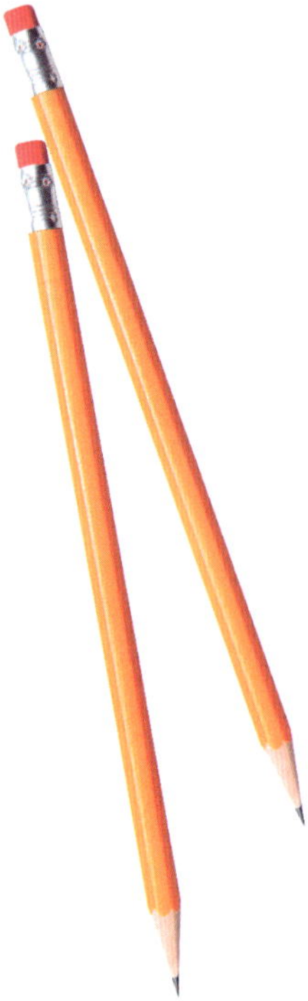

▶ 学习

在设计过程中，你首先要确定一个问题，接着要想出一个解决方案。解决方案是一种能解决你所提问题的方案，或寻找问题答案的方法、途径。你可以从你的朋友、老师那儿或者从书中获得一些启发，然后再设计你的解决方案。设计就是将你的想法画出来、写下来或者进行完善。

在学校学习时，你遇到过找不到学习用品这样的情况吗？你可以设计一种快速找到铅笔、蜡笔和其他学习用品的方案。

▶ 尝试

迈克尔设计了一个可以收纳各种学习用品的盒子。这个盒子里可以放铅笔、蜡笔、胶水和橡皮。

请你也设计一种能收纳学习用品的方案。把你的设计方案画成一张草图，并与老师交流。收集你所需要的实验材料，将你的设计方案制作出来并试试可不可行。

1. 你的设计方案和迈克尔的相比，有什么优缺点？

2. 你的设计方案能否解决你之前提出的问题？

3. 你会怎样改进你的设计方案？将改进办法写下来。

安全提示

当你看见“△小心”标志的时候，必须遵守下列安全规则。

遇到意外情况，比如实验材料意外打翻时，要立刻报告老师。

使用锋利的工具和玻璃时要小心。

必要时，按照要求戴上护目镜。

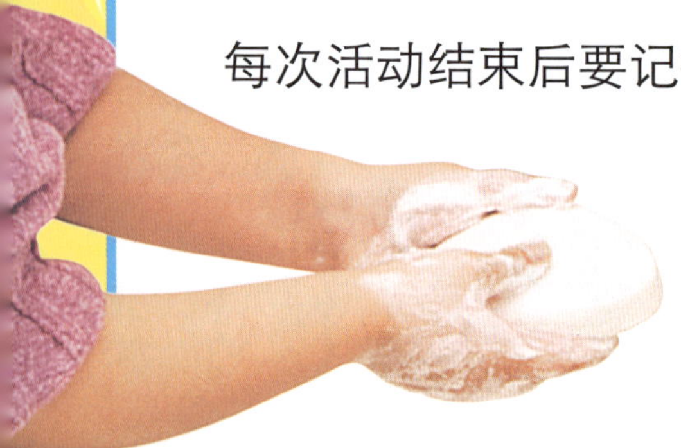

每次活动结束后要记得洗手。

保持活动场所整洁。活动结束后，要将活动场所收拾干净。

物　质

人们从植物和矿物质中提取颜料。

实践：解决问题

工程师通过设计解决方案来解决问题（solve a problem）。他们会先制订一个计划，然后利用工具和材料来执行这个计划。如果你想通过建立模型来解决问题，就需要先制订一个计划。

▶ 学习

为了解决某些问题，人们会利用一些材料和工具来建造新事物。高速公路可以帮助我们便捷地从一个地方到达另一个地方。在建设高速公路之前，工程师需要先制订计划，然后准备需要的材料以及必要的工具。

制订计划
1. 写下你的问题。
2. 将解决问题的方案写下来或画出来。
3. 列出你所需材料的清单。
4. 确保你选择了必要的工具。

▶ 设计

利用老师提供的材料，设计满足下列要求的建筑物。

- 搭建一个25厘米高的建筑物。
- 搭建一个高低不平的建筑物。
- 搭建一个建在其他物体上面的建筑物。

▶ 应用

有一所新建成的学校，这里的学生上学需要穿过一条繁忙的公路。你会怎样解决这个问题？根据上页的活动步骤制订一个计划，并在班级里与同学们分享你的计划。

第1章

物　质

大概念

物质可以分为哪些不同的类型?

基本问题

第1课

怎样描述物质?

第2课

固体有哪些属性?

第3课

液体和气体分别有哪些属性?

核心词汇

质量 一个物体所含物质的量。

固体 有固定形状的一类物质。

液体 形状随容器的变化而变化的一类物质。

气体 能扩散到所在容器中各个位置的一类物质。

第1课

描述物质

看一看，想一想

图片中的物体有什么相同之处，又有什么不同之处？

探究活动

如何描述物质?

活动步骤

1. **观察**　仔细观察每一块饼干，想一想，你可以从哪些不同的角度来描述这些饼干？可以用哪些词来形容？
2. **记录数据**　做一个类似下面的表格，在表中记录你的观察结果。
3. **分类**　根据表格，将这些饼干进行分类。

材料

饼干

进一步探究

4. 你还可以用哪些其他方式将这些饼干进行分类？

	质地(口感)	形状	大小	颜色

读一读，学一学

基本问题

怎样描述物质？

词汇

物质

质量

属性

什么是物质？

物质（matter）具有一定的体积和质量。**质量（mass）**是一个物体内物质的总量。你喝的水是一种物质，你呼吸的空气也是一种物质。物质可以是天然的，也可以是人造的。我们每天都会用到各种各样的物质。

利用物质

读　图

这个男孩利用了哪些物质？

不同的物体有不同的质量。卡车的质量大，而铅笔的质量就比较小。一本书的质量比一朵花大吗？当然，捡一本书比捡一朵花费劲多了。比较不同物体的质量时，我们可以用天平来测量。

大的鞋子比小的鞋子质量大。▶

有时候，一个小的物体会比一个大的物体质量更大。▶

你的课桌里都有哪些物质？

什么是属性?

你可以通过描述某种物质的**属性（property）**来形容这种物质。它看起来怎么样，摸起来怎么样，闻起来怎么样，尝起来怎么样，或听起来怎么样？这一系列“怎么样”说的就是物质的属性。物质摸起来可能很光滑，也可能很粗糙；捏起来可能很柔软，也可能很坚硬。物质可以是厚的，也可以是薄的；可以是有生命的，也可以是没有生命的。

迷你实验

将你桌面上的6个物体先按形状进行分类，再按大小进行分类。

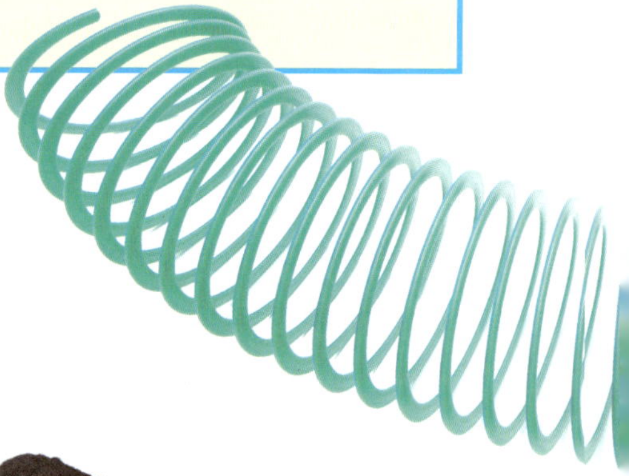

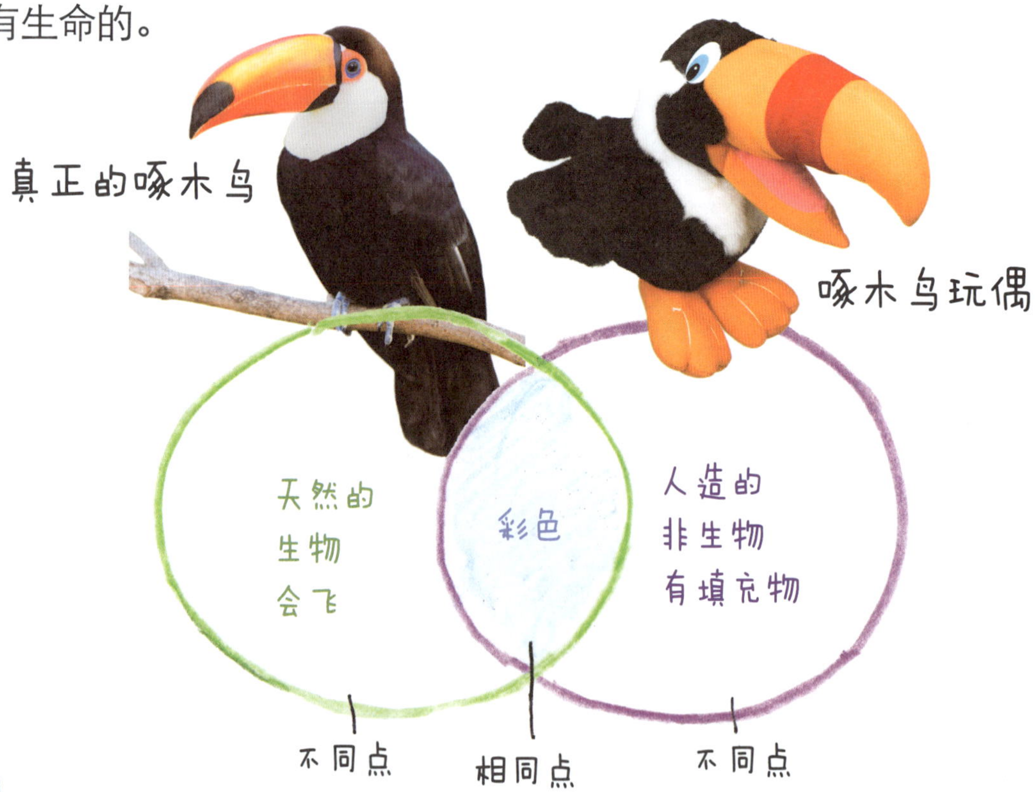

物质可以是固体、液体或气体。我们可以从许多不同的角度来描述物质。

在你的房间里，周围的物质都有什么属性？

◀ 这种芥末酱很黏稠。

这只臭鼬身上有浓烈的味道！▼

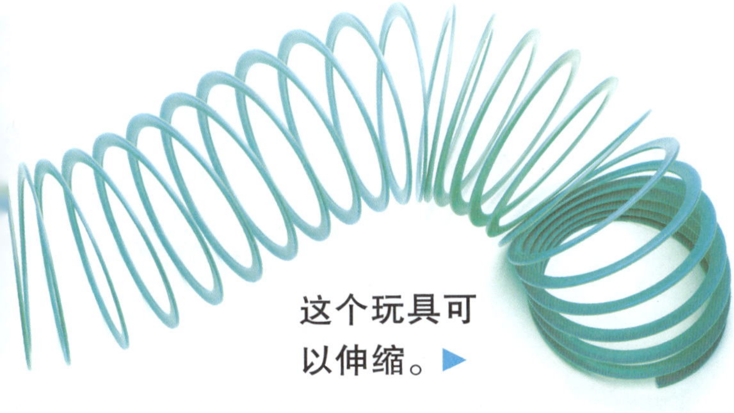

这个玩具可以伸缩。▶

想一想，说一说，写一写

1. 对比和比对　选择两个物体，列一个表格比较它们的属性。
2. 什么是物质？
3. **基本问题**　怎样描述物质？

艺术链接

用不同类型的物质做一幅艺术剪贴画。

第2课

固 体

看一看，想一想

图片中的物体有什么些相同之处，又有什么不同之处？

探究活动

这些固体有什么属性？

活动步骤

1. **观察** 仔细观察每一把勺子，它们分别有什么属性？
2. **预测** 哪些勺子能浮在水面上？哪些会沉入水中？试一试。
3. **记录数据** 把你的观察结果记录在表格里。

进一步探究

4. **预测** 如果把勺子换成其他物品，你觉得你的观察结果会有什么变化？你是怎么知道的？

材料

勺子

水盆和水

步骤 1

读一读，学一学

▶ 基本问题
固体有哪些属性？

▶ 词汇
固体

什么是固体？

看看你的周围，你能找到哪些物质？固体（solid）是指本身有固定形状的一类物质。与其他物质一样，固体也有属性。有些固体可以被任意弯曲，有些则容易破碎；有些固体能漂浮在水面上，有些则会沉到水底。

形容固体物质的属性

石头

- 坚硬的
- 有颗粒的
- 凹凸不平的

玻璃

- 光滑的
- 易碎的
- 透明的

纱线

- 柔软的
- 彩色的
- 细长的

真相 并不是所有的固体都很坚硬。

很多材料都是固体。有些金属、木头和塑料摸起来很坚硬。有些固体材料摸起来可能很柔软，可能很光滑，也可能很粗糙。下面的表格里列举了一些固体物质的属性。

你每天都用到了哪些固体物质？

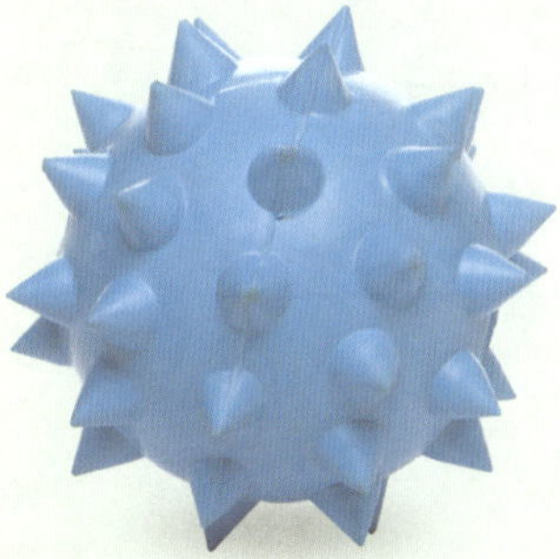		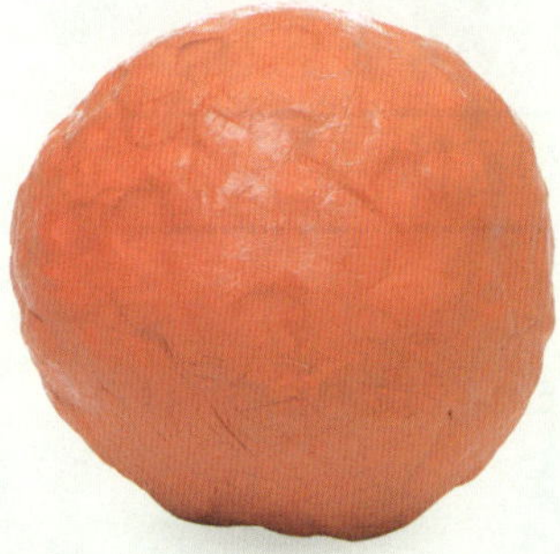
玩具	海绵	彩泥
• 有颜色的 • 尖锐的 • 塑料的	• 黄色的 • 柔软的 • 粗糙的	• 有黏性的 • 可搓揉的 • 会变硬的

我们可以怎样测量固体？

我们可以用特定的工具来测量固体，比如尺子可以测出某个固体的长、宽和高。有些尺子的长度单位是厘米，有些尺子的长度单位是英寸，还有许多尺子上同时标有这两种单位。

天平可以测出物体的质量。你可以用不同的工具来测量同一物体，比如，你既可以用天平测量一根粉笔的质量，也可以用尺子测量它的长度。

迷你实验

你可以用天平来**测量**一些教学用品的质量。

读 图

如果在天平的左边再增加一支铅笔，天平会发生什么变化？

测量固体

- 这根粉笔长10厘米。

- 测量粉笔的周长时，先用绳子绕粉笔一圈。

- 然后用尺子测量这段绳子的长度，得到的长度就是粉笔的周长。

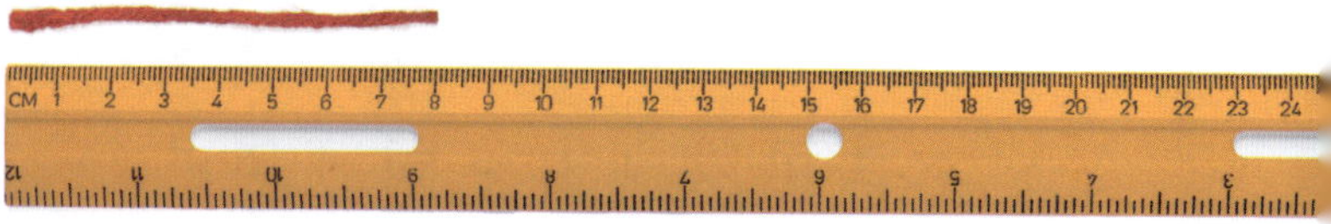

我们可以用哪些工具来测量固体？

想一想，说一说，写一写

1. 总结　哪些物体是固体？
2. 你可以怎样测量一种固体物质？
3. **基本问题**　固体有哪些属性？

艺术链接

找一找教室里有哪些固体物质，将它们画在纸上，并描述它们的部分属性。

天然的还是人造的？

这张椅子是用木头做的。木头是一种天然材料，它来自树。人们把树砍倒，然后用工具把木头做成椅子。

木头可以刷上不同颜色的油漆，但是在油漆底下，木头仍然保持着它原来的颜色。

这些桌椅是塑料做的。塑料是人造材料，人们将化学材料合成塑料，然后再用模子塑形，做成椅子。

塑料有各种各样不同的种类。它可能很坚硬，也可能很柔韧。人们还可以在制作塑料的化学材料中加入某些特殊物质，做出各种不同颜色的塑料产品。

在你的教室里，有哪些固体物品是天然材料做成的？又有哪些固体物品是人造材料做成的？

说一说

总结　天然材料和人造材料有哪些相同之处，又有哪些不同之处？

AMERICAN MUSEUM OF NATURAL HISTORY

第3课

液体和气体

看一看，想一想

哪一个玻璃瓶装的液体最多？为什么？

探究活动

在不同形状的容器中，水会发生什么变化？

活动步骤

1. 把各种容器放在盘子里。用量杯取一杯水，把水倒进第一个容器，然后记录水面的位置。
2. **预测** 把同样体积的水倒进另一个容器中，水面会有多高呢？
3. 将第一杯水倒进下一个容器中，并把水面的位置标记出来。接着用后续容器重复上述实验步骤。
4. **得出结论** 你的预测正确吗？请解释原因。

材料

量杯

各种容器

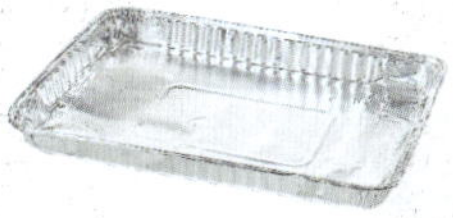

盘子

进一步探究

5. **推理** 如果用橙汁代替水，你觉得实验结果会有变化吗？为什么？

步骤 3

读一读，学一学

基本问题

液体和气体分别有哪些属性？

词汇

液体

体积

气体

什么是液体？

液体（liquid）本身没有固定的形状，而且会随容器的变化而变化。如果没有容器，液体会向四周散开。

所有的液体都有质量。液体可以像牛奶一样稀薄，也可以像蜂蜜一样黏稠。

即使在大自然中，液体也只能呈现它所在位置的形状。这张图片里，倾泻而下的瀑布填满了底下的湖泊。水呈现的就是湖泊的形状。

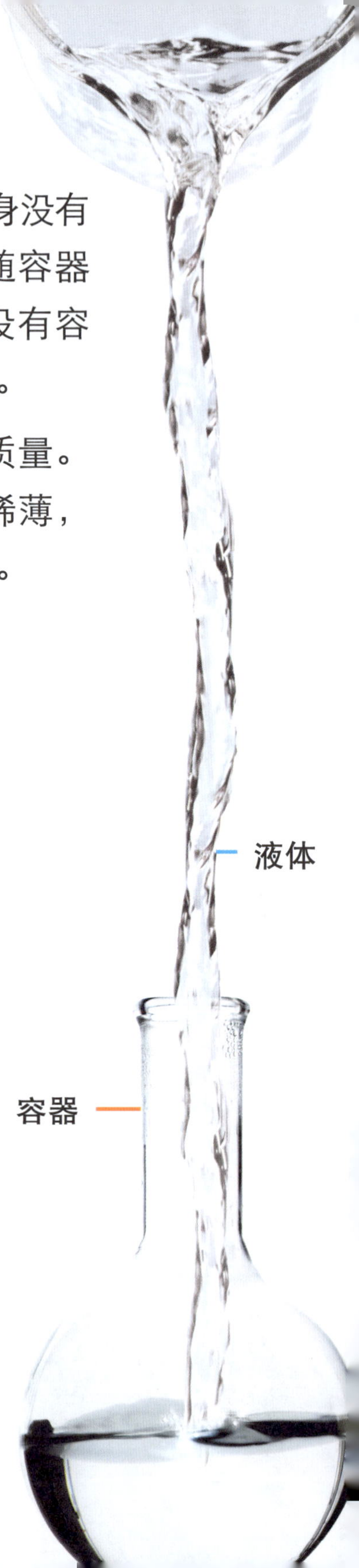

物体所占据的空间大小叫作**体积（volume）**。你可以用量杯来测量液体的体积。液体体积的测量单位常用毫升。

下图中有两个一模一样的量杯，其中第一个量杯里的液体比第二个量杯里的液体体积更大。

液体有哪些属性？

测量体积

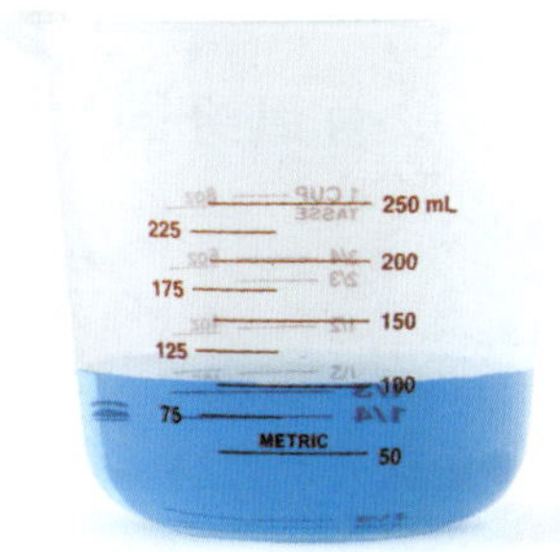

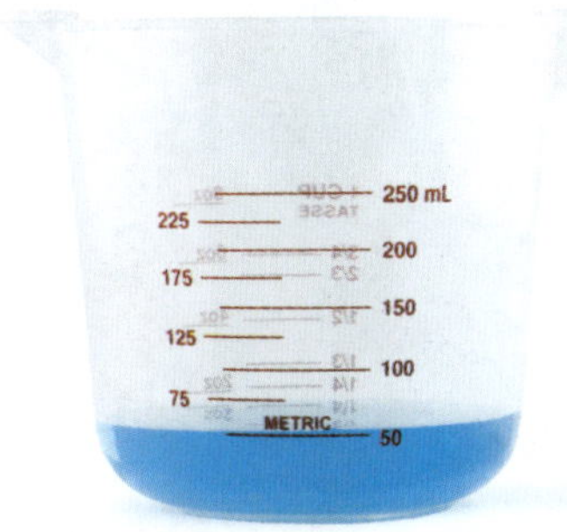

读　图

每一个量杯中各有多少毫升液体？

真相　固体和气体也有体积。

什么是气体？

气体（gas）是一类可以扩散并充满其所在空间的物质。我们呼吸的空气是由气体组成的。空气中的氧气是我们呼吸必不可少的一种气体。

我们看不见空气，但它确实就在我们的身边。当我们把空气充入气球或者排球时，就能感受到它的存在。刮风的时候，我们也能感受到流动的空气。

▼气体没有自身固定的形状。

请记住一点：任何占据空间的东西都可以称作物质。所有的物质都有质量。你怎么判断空气有没有质量呢？下面这张图片可以告诉你答案。

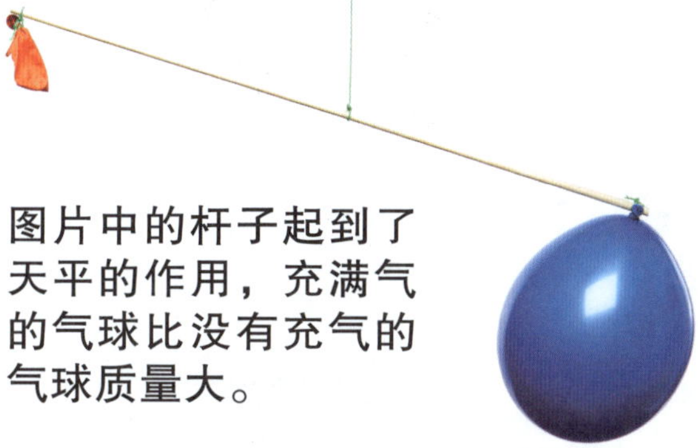

图片中的杆子起到了天平的作用，充满气的气球比没有充气的气球质量大。

迷你实验

找一些不同的容器，然后装上不同的物质。和同伴一起将物质按固体、液体或气体进行分类。

气体有哪些属性？

想一想，说一说，写一写

1. 分类　在表中列举一些你家冰箱里存放的物体，然后将它们按固体、液体或气体进行分类。
2. 气体和液体有什么区别？
3. **基本问题**　液体和气体分别有哪些属性？

健康链接

列一张清单，列举一些对你的身体有好处的液体。

戏 水

图中的女孩正在水中嬉戏。你玩过水吗？

写作

想一想你以前玩水的经历，将你参加的活动写下来或者画出来。记得在你的故事中要有一些细节描写。

提示

细节能让读者更清楚发生了什么情况，以及你当时的感受。

哪一杯橙汁体积更大？

马特把橙汁倒进两个量杯中。你觉得这两杯橙汁有什么不同？哪一杯橙汁的体积更大？

应用题

A杯装着200毫升橙汁，B杯装着100毫升橙汁。A杯中的橙汁比B杯多多少毫升？

列一道算式来解释你是怎样得到答案的。

提示

考虑清楚你该选择哪一种运算方式。

阅读回顾

我们周围的物质

物质就在你我身边。我们穿的衣服、喝的水是物质，甚至连呼吸的空气也是物质。物质可以是固体、液体或气体。

固体有形状和大小。描述一个固体物质时，我们要说清楚它的触感和颜色。有时候，我们还可以描述它发出的声音、散发的气味或者尝起来的味道。

液体的形状就是它所在容器的形状。从容器中流出的液体没有固定的形状。当我们把水从瓶子里倒入水池中时，水的形状改变了吗？

气体可以填满它所在的任何空间。这些充满气的汽艇可以漂浮在水面上。

找一找你身边还有哪些物质！

第1章 复习和测试

词 汇

DOK 1

选择方框中合适的词汇填空，每个词汇限用一次。

气体
液体
质量
物质
固体
体积

1. 具有一定体积、一定质量的东西都可以称为__________。
2. 某物体的物质的总量叫作__________。
3. 有种物质虽然我们肉眼看不见，但是它能迅速充满其所在的任意空间，这一类物质被称作________。
4. 本身具有一定形状的物质叫作__________。
5. 会流动，并且形状随着容器的变化而变化的物质叫作__________。
6. 右边的瓶子比左边的瓶子可以装更多____________的水。

科学技能和科学概念

DOK 2

请回答下列问题。

7. 记录数据　这两个球有什么相同之处，又有什么不同之处？哪个球的质量大？

8. 总结　你可以用哪些工具测量物质的不同属性？

9. 填充这个气球的是哪种物质？

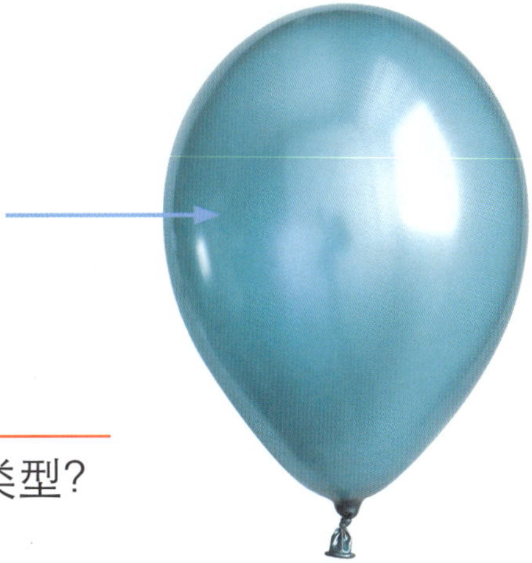

大概念

10. 物质可以分为哪些不同的类型？

表现性评价

DOK 3

“物质的真相”记录卡

我们可以怎样测量不同类型的物质?

- 在每张卡片上写下任意一种类型的物质的名称。
- 在每张卡片的正面为这类物质举一个实例，并画出来。
- 在卡片的背面，画出可以用来测量这类物质的工具。
- 写一句简短的话介绍这种工具的使用方法，以及它可以测量物质的哪种属性。

测 试

1 右图空白处应该填上什么？
DOK 1

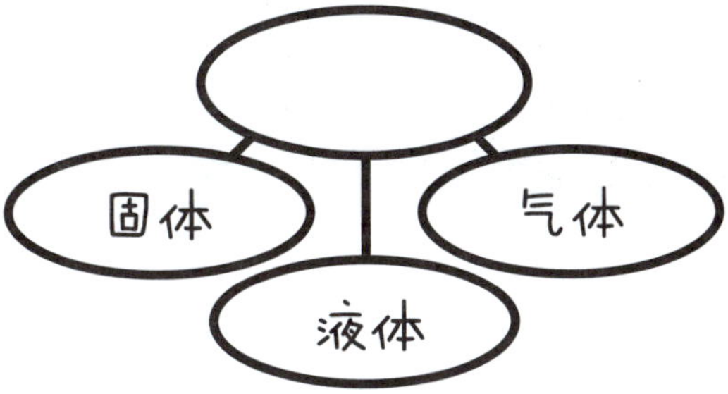

A 看不见的物质

B 属性的类型

C 流动的物质

D 物质的类型

2 下列哪一项描述既符合固体的属性，也符合气体的属性？
DOK 2

A 它可以充满其所在的容器。

B 你可以测量它。

C 你可以弯曲、折叠它。

D 当你摸它时，它可能是粗糙的，也可能是光滑的。

3 观察下列图片。下列哪一种工具可以用来测量体积？
DOK 1

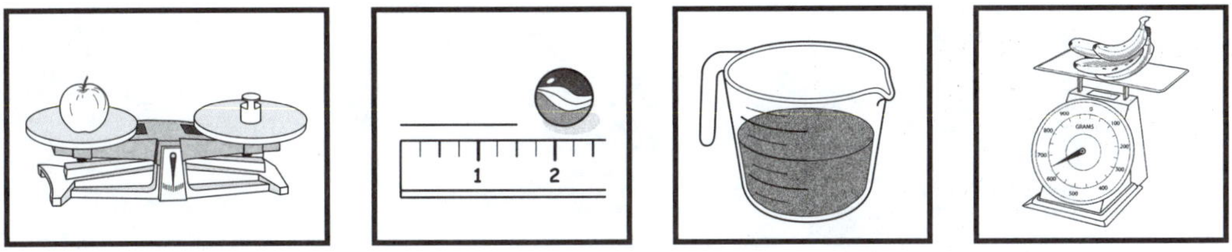

A 天平

B 尺子

C 量杯

D 秤

第2章

物质的变化

大概念 物质是怎样发生变化的?

基本问题

第1课
什么导致物质发生变化?

第2课
温度对物质有什么影响?

第3课
怎样制作混合物?

大概念

核心词汇

物理变化 物质的大小或形状改变，但物质本身的组成成分没有发生变化。

化学变化 一种物质转化为另一种物质的变化。

混合物 两种或多种物质混合在一起组成的物质。

溶液 两种或多种物质组成的均匀、稳定的混合物。比如盐水。

第1课

物质的变化

看一看，想一想

图片中的这名同学让什么物质发生了变化？

探究活动

橡皮泥可以发生什么变化?

材料

橡皮泥

天平

塑料刀

活动步骤

1. **测量** 取两块相同质量的橡皮泥。你可以用天平称取，这样能确保它们的质量相等。

2. 把其中一块橡皮泥揉成球状，并描述它的属性。

3. **预测** 你认为在揉成球的过程中，橡皮泥的质量发生改变了吗？用天平来证明你的猜测。

4. △小心！用塑料刀把橡皮泥球切成两半。把这两半分别捏成两种形状。

5. **得出结论** 你让橡皮泥发生了什么变化?

步骤 2

进一步探究

6. **调查** 你还能用哪些方法来改变橡皮泥的形状？这会改变橡皮泥的质量吗?

读一读，学一学

基本问题

什么导致物质发生变化？

词汇

物理变化

化学变化

什么是物理变化？

物质可以有许许多多不同的变化方式。你可以改变物质的大小和形状，这类变化称为**物理变化（physical change）**。

当你切、掰、折叠或撕开某个物体的时候，它就发生了物理变化。比如，你可以通过剪切或折叠的方式改变纸的形状和大小，但这些都改变不了它仍然还是纸张的事实。

◀在纸上写字或折纸都是物理变化。

只改变物质的形状不会导致它的质量发生变化。▼

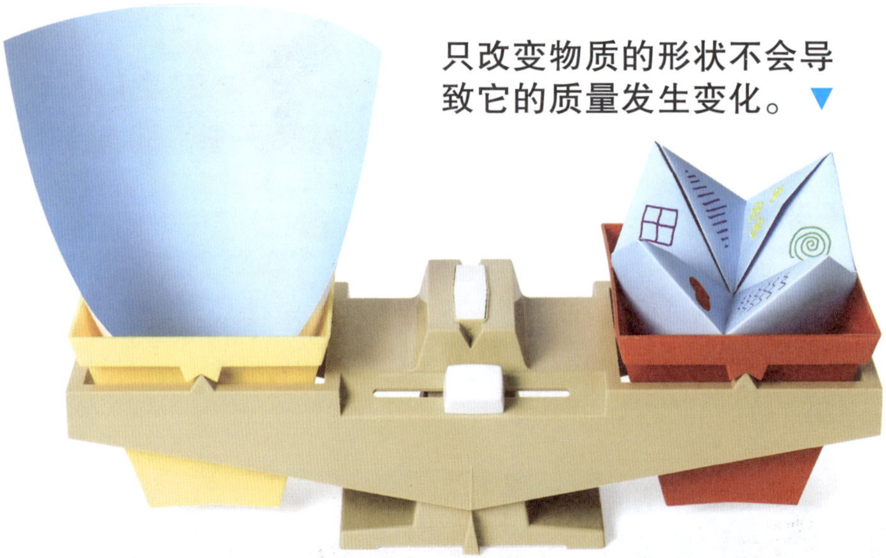

有时候，物质的性质会随着温度的变化而变化。天冷的时候水会结冰。这也是一种物理变化。

环境的干燥或者潮湿程度也会引起物理变化。干燥的泥土和潮湿的泥土，看起来完全不一样。

▲ 枝头的水结冰了。

你可以让橙汁发生哪种物理变化？

干燥的土壤和潮湿的土壤颜色不一样，干燥的土壤会结块，潮湿的土壤则摸起来黏黏的。

什么是化学变化？

有时候，物质的属性会发生不可逆转的变化，这一类变化叫作**化学变化（chemical change）**。一旦物质发生了化学变化，就很难再恢复原样，它就会变成另一种不同属性的新物质。

点燃纸张后，你就再也不可能让它变回原来的白纸。能发出光和热的变化，大多都是化学变化。每一种物质都能以不同的方式发生变化。

迷你实验

观察一片切开的苹果，**推测**是什么导致苹果发生了化学变化。

化学变化

变化前	变化后	原因
		火柴燃烧后，属性发生了变化
		水和空气会导致金属生锈，生锈是一种缓慢的化学变化
		水和空气不能改变塑料的属性

读　图

图片中的金属钉是怎样变化的？

▲高温使鸡蛋发生了化学变化。这种变化不仅可以看出来，还可以闻出来。

怎样辨别物质是否发生了化学变化？

想一想，说一说，写一写

1. 问题和解决方案　想一想怎样可以避免自行车生锈。
2. 你能举出三个物理变化的例子吗？
3. 基本问题　什么导致物质发生变化？

数学链接

当你折叠一个物体的时候，它的质量会发生变化吗？为什么？

第2课

物态的变化

看一看，想一想

火山内部的温度相当高，所以这里的岩石都被熔化成了液态。高温还能导致物质发生哪些变化？

探究活动

热量能导致物质发生哪些变化？

活动步骤

材 料

纸盘

黄油

巧克力

1. **预测** 把黄油和巧克力放在阳光下曝晒，你觉得它们会发生什么变化？

2. **观察** 把黄油和巧克力分别放在两个盘子里。画出它们最初的样子。

3. **预测** 太阳的热量会导致盘子里的两种物质发生什么变化？

4. **比较** 找一个有阳光的地方，将盘子放在阳光下。一小时后，两个盘子里的物质分别发生了什么变化？将它们变化后的样子画出来，并和你之前画的图进行比较。

进一步探究

5. **推理** 换一种其他物质，重复上述步骤。这种物质会发生改变吗？

读一读，学一学

基本问题

温度对物质有什么影响？

词汇

蒸发

凝结

高温会导致物质发生哪些变化？

你有没有在夏天的时候把巧克力放在口袋里？当你再把巧克力拿出来的时候，它可能已经熔化了。

熔化是固态到液态的变化过程。有些固体只有被加热到一定程度的时候才会熔化，比如金属和玻璃。而有些固体只要稍微加热就会熔化，比如冰和黄油。

金块在高温下熔化成液体后，把金水倒入模具中，一旦冷却下来，它就会凝固成新的形状。

水加热后会变成气体。水分**蒸发**（evaporate）是指水从液态变成了气态，进入到空气中。

▼固态的冰块在常温下会融化。

将水加热到一定程度时，它就会沸腾。在水沸腾的时候，你会看见水中有气泡出现，这表明液态的水正在变成气态的水蒸气。在通常情况下，我们是看不见水蒸气的。

加热冰

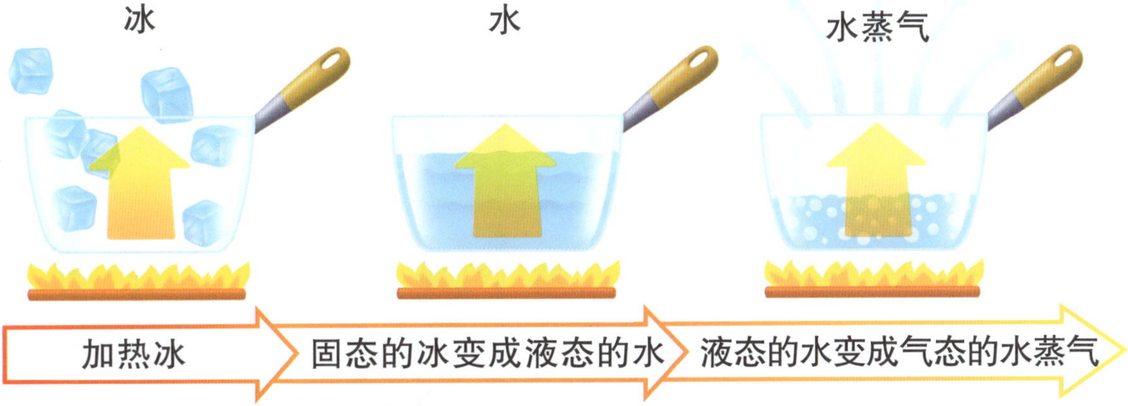

读　图

当冰受热时，它会发生什么变化？

高温会导致固态物质发生什么变化？

冷却会导致物质发生怎样的变化？

降温或冷却也可以改变物质的状态。当空气受冷后，它就会凝结。**凝结（condense）**是指气体遇冷而变成液体的变化。

当空气中的水蒸气遇到冷的物体时，会凝结成小水珠。刚从冰箱里拿出来的可乐瓶上，往往会附着一层薄薄的水滴，这就是水蒸气凝结造成的。

▲ 空气中的水蒸气遇冷液化成瓶子上的小水滴。

真相 窗户上的小水滴也来自空气中的水蒸气。

当液体冷却到一定程度，它们就会冻结，或者说变成固体。有一些物质，比如石蜡，在常温状态下就会凝固；还有一些物质，比如水，需要相对较低的温度才会凝固。

迷你实验

将杂志上出现的水的图片按固态、液态和气态进行分类。

水在冷却过程中会发生什么变化？

蜡烛燃烧之后，蜡液会冷却又变回固体。▶

想一想，说一说，写一写

1. 预测　晴天，小水坑会发生什么变化？
2. 当水蒸气凝结时，会出现什么现象？
3. 基本问题　温度对物质有什么影响？

数学链接

冰融化时，质量会发生变化吗？为什么？

五彩斑斓的发明

蜡笔盒中装着各种颜色的蜡笔。你知道这些蜡笔是怎么做出来的吗？

大多数蜡笔是用蜡做成的。这位工作人员正在往一桶蜡里加不同颜色的染料。

上了颜色的蜡被熔化成液体，然后工人将这些蜡液倒进模具中。

模具中有成百上千个蜡笔形状的孔。蜡液会流到这些孔中，然后再用冷水冷却模具，倒出成型的蜡笔。

机器正在包装蜡笔。

这位工作人员正在检查蜡笔的质量。

说一说

总结 预测蜡液在常温下会发生什么变化。

AMERICAN MUSEUM OF NATURAL HISTORY

第3课

混合物

看一看，想一想

沙和水的混合物摸起来有什么感觉？它和干燥的沙子有什么不一样？

探究活动

水可以混合哪些物质？

活动步骤

1. **观察** 在一杯水中加入四分之一杯的盐，会出现什么现象？
2. **观察** 在另一杯水中加入四分之一杯的沙子，沙子会有什么变化？
3. **比较** 用勺子分别搅拌两杯混合物，然后静置一段时间，杯子中会出现什么现象？这两杯混合物有什么区别？

进一步探究

4. **调查** 你可以用什么方法分离杯子中的沙和水？你能用同样的方法分离出水和盐吗？

材 料

量杯

2个塑料杯

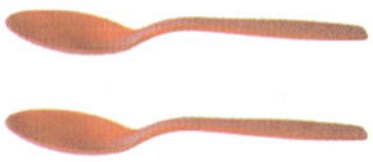

2个勺子

盐

沙

步骤 2

读一读，学一学

基本问题
怎样制作混合物？

词汇
混合物
溶液
溶解

什么是混合物？

把盐倒进水里，就形成了一种混合物。**混合物（mixture）**是指将两种或多种物质混合在一起。混合物可以是固体、液体和气体的任意组合。

在做剪贴画时，你用胶水把各种物质粘到纸上，做成了一种混合物。同样，把不同的橡皮泥揉在一起后也是一种混合物。

▼混凝纸是一种面粉、水和报纸的混合物。

▲你可以用混凝纸来做装饰品。

有些东西混合以后还能够很轻易地分开。在这种情况下，你可以清楚地看到混合物中的各种组成物质，而且这些组成物质没有发生变化。

图片中的铅笔筒是混凝纸、罐子和许多扣子组成的混合物。在这张图片里，你还可以找到哪些混合物？▶

哪些类型的物质可以用来做混合物？

不容易分开的混合物

有些物质一旦混合，就很难再被分开。想一想你做奶昔的时候，你会将不同的食物混合在一起。一旦将它们混合成一杯奶昔，就很难再把原料分离出来了。

制作一杯奶昔

读　图

哪些混合物比较难分离？

溶液（solution）就是一种很难分离的混合物。糖和水可以混合成溶液。在这个过程中，糖会**溶解（dissolve）**，均匀地混合在水中。

沙子和水也可以混合，但是它们不能形成溶液。这是因为沙子不能始终保持均匀地混合在水中，一段时间后，它会沉到水底。

冲剂能在水中溶解。▶

▲水池中，加了洗洁精的水是一种溶液，水里的各种餐具组成了混合物。

✔ 为什么说溶液是一种特殊的混合物？

怎样分离混合物？

你有没有在一堆零食中挑选饼干的经历？这个操作就是一个很典型的分离混合物的过程，但是有些混合物是很难分离的。

过滤可以帮助我们分离无法溶解的固体加液体的混合物；磁铁也可以帮助我们分离部分混合物，它可以把铁制品从混合物中吸出来。

迷你实验

调查 什么情况下可以用蒸发的方法来分离混合物？

磁铁可以分离混合的沙子和铁粉。

滤网可以分离混合的沙子和水。

有些混合物的分离过程更复杂一些。比如，我们可以通过蒸发盐水溶液来分离盐和水。如果将盐水放在干燥的地方，水会蒸发成水蒸气逃逸到空气中，盐就慢慢被析出来了。

海水蒸发之后析出了盐。

怎样用滤纸分离混合物？

想一想，说一说，写一写

1. 中心思想和论据　不同的物质与水混合，会出现哪些不同的现象？
2. 怎样分离盐和水的混合物？
3. **基本问题**　怎样制作混合物？

健康链接

哪些食物是混合物？找一找商店里属于混合物的食物，并列出清单。

食 谱

食谱是制作某种食物的指南。食谱里一般会列出需要的原材料和具体的操作步骤，它会告诉你怎样把不同的原料混合在一起，制作一种新的美食。

写作

请设计一份食谱，告诉同学们怎样用本页图片中的水果制作一份美味沙拉。为什么说水果沙拉是一种混合物？

提示

写说明文时，要解释清楚事件的发生顺序。食谱中则要按顺序写明每一个步骤。

科学中的数学问题

松饼里的数学题

玛利亚和爸爸要制作松饼。他们想知道做松饼需要准备多少面粉。

解决问题

食谱上说满满2杯面粉就可以制作12个松饼。

玛利亚和爸爸想做24个松饼，那么他们需要准备多少面粉?

提示

做题时要仔细阅读题干，获取关键信息。你可以画一幅简图来解决这个问题。

阅读回顾

物质的变化

我们周围的物质时时刻刻都在发生变化。把一个苹果切成一片一片是一种物理变化，因为不论切成多少片，苹果还是苹果。物理变化是指物质的本质没有发生改变。

我们周围的物质时时刻刻都在发生变化。面糊在烤箱里烤着烤着就变成了松饼，这是一种化学变化，因为面糊有了新的属性。

我们周围的物质时时刻刻都在发生变化。我们可以做一杯巧克力和牛奶的混合物。巧克力和牛奶均匀地混在一起，形成了溶液。

我们周围的物质时时刻刻都在发生变化。我们可以把橙汁冻成棒冰。当物质凝固的时候，它就从液态变成了固态。

第2章 复习和测试

词 汇

DOK 1

选择方框中合适的词汇填空，每个词汇限用一次。

1. 木头燃烧是一种__________。
2. 空气中的水蒸气可以______成液态水。
3. 糖和水形成的稳定混合物叫作______。
4. 水果沙拉是一种_________。
5. 把纸撕成碎片是一种_________。
6. 雪人化了之后，液态水最后会变成气态的_________。

化学变化
凝结
水蒸气
混合物
物理变化
溶液

科学技能和科学概念

DOK 2

请回答下列问题。

7. 交流　哪张图片反映的是物理变化？哪张图片反映的是化学变化？你还可以举出哪些物理变化和化学变化的例子？

8. 预测　你如果把冰块长时间放置在高温环境中，它会发生什么变化？

9. 描述一下糖水溶液和沙水混合物有什么区别。

大概念

10. 物质是怎样发生变化的？

表现性评价

DOK 3

物质的变化

物质变化的方式有哪些?

- 把一张纸对折。
- 在纸的一面写上“物理变化”，另一面写上“化学变化”。
- 每种变化至少举出三个例子，并画在纸上。
- 在你画的每种变化下面写一句话，解释为什么这是物理（或化学）变化。

物理变化

化学变化

测 试

1 下列哪种方式能把一种物质变成另一种物质？

DOK 1

A 折叠

B 撕碎

C 弯曲

D 燃烧

2 如果把图片中的物质置于常温下，首先会出现什么现象？

DOK 2

A 水会蒸发

B 冰会融化

C 冰会蒸发

D 水会结冰

3 下列哪项是溶液？

DOK 1

A 水果沙拉

B 墨西哥鸡肉卷

C 加了花生酱和果酱的三明治

D 苏打水

食品化学家

你喜欢自己调配口味独一无二的麦片或者果汁吗？如果喜欢，那你可以考虑成为一名食品化学家。食品化学家的工作是探究并调配出新的、更美味的食物。

食品化学家会想办法让酸奶的口感更顺滑，让麦片的口感更松脆。他们还会改良蔬菜的冷链运输环节，保证它们新鲜的口感。食品化学家必须学习食品生产过程中涉及的科学原理。

食品化学家

更多相关职业

营养学家

厨师

《科学启蒙（第二版）》版权声明

科学启蒙（第二版）物质②

McGraw-Hill Education
Science A Closer Look
Matter
ISBN-10: 978-0-02-136117-5

浙江省版权局著作权合同登记号：11-2018-537

图书在版编目（CIP）数据

科学启蒙：第二版. 物质. ②／（美）杰伊·哈克特等著；张俊等译. -- 杭州：浙江教育出版社，2019.11
ISBN 978-7-5536-9618-8

Ⅰ. ①科… Ⅱ. ①杰… ②张… Ⅲ. ①科学知识一少年读物②物质一少年读物 Ⅳ. ①Z228.1②04-49

中国版本图书馆CIP数据核字(2019)第240717号

科学启蒙（第二版）
KEXUE QIMENG (DI ER BAN)
物质②
WUZHI 2

出版发行 浙江教育出版社（杭州市天目山路40号 邮编：310013）
原 著 名 SCIENCE A CLOSER LOOK
MATTER
本册翻译 叶屏屏
图片来源 海洛创意
责任编辑 杨 艳
封面设计 韩 波
责任校对 余晓克
责任印务 沈久凌

图文制作 杭州兴邦电子印务有限公司
印 刷 杭州富春印务有限公司
开 本 787mm×960mm 1/16
印 张 6.25
字 数 145 000
版 次 2019年11月第1版
印 次 2019年11月第1次印刷
标准书号 ISBN 978-7-5536-9618-8
定 价 24.00元

网 址：www.zjeph.com
如发现印、装质量问题，影响阅读，请与承印厂联系调换。
联系电话：0571-64362059